驱逐倭寇
——戚继光

◎ 主编 金开诚

◎ 编著 袁耀龙

吉林出版集团有限责任公司

吉林文史出版社

图书在版编目（CIP）数据

驱逐倭寇——戚继光 / 袁耀龙编著 . 一长春：吉
林出版集团有限责任公司：吉林文史出版社，2010.11（2022.1重印）

ISBN 978-7-5463-4115-6

Ⅰ.①驱… Ⅱ.①袁… Ⅲ.①戚继光（1528～1587）
－传记－通俗读物 Ⅳ.① K825.2-49

中国版本图书馆 CIP 数据核字（2010）第 222266 号

驱逐倭寇——戚继光

QUZHU WOKOU QIJIGUANG

主编／金开诚 编著／袁耀龙

项目负责／崔博华 责任编辑／崔博华 高原媛

责任校对／高原媛 装帧设计／李岩冰 于 嵩

出版发行／吉林文史出版社 吉林出版集团有限责任公司

地址／长春市人民大街4646号 邮编／130021

电话／0431-86037503 传真／0431-86037589

印刷／三河市金兆印刷装订有限公司

版次／2010 年 11 月第 1 版 2022 年 1 月第 5 次印刷

开本／640mm×920mm 1/16

印张／9 字数／30千

书号／ISBN 978-7-5463-4115-6

定价／34.80元

编委会

前　言

　　文化是一种社会现象，是人类物质文明和精神文明有机融合的产物；同时又是一种历史现象，是社会的历史沉积。当今世界，随着经济全球化进程的加快，人们也越来越重视本民族的文化。我们只有加强对本民族文化的继承和创新，才能更好地弘扬民族精神，增强民族凝聚力。历史经验告诉我们，任何一个民族要想屹立于世界民族之林，必须具有自尊、自信、自强的民族意识。文化是维系一个民族生存和发展的强大动力。一个民族的存在依赖文化，文化的解体就是一个民族的消亡。

　　随着我国综合国力的日益强大，广大民众对重塑民族自尊心和自豪感的愿望日益迫切。作为民族大家庭中的一员，将源远流长、博大精深的中国文化继承并传播给广大群众，特别是青年一代，是我们出版人义不容辞的责任。

　　本套丛书是由吉林文史出版社和吉林出版集团有限责任公司组织国内知名专家学者编写的一套旨在传播中华五千年优秀传统文化，提高全民文化修养的大型知识读本。该书在深入挖掘和整理中华优秀传统文化成果的同时，结合社会发展，注入了时代精神。书中优美生动的文字、简明通俗的语言、图文并茂的形式，把中国文化中的物态文化、制度文化、行为文化、精神文化等知识要点全面展示给读者。点点滴滴的文化知识仿佛颗颗繁星，组成了灿烂辉煌的中国文化的天穹。

　　希望本书能为弘扬中华五千年优秀传统文化、增强各民族团结、构建社会主义和谐社会尽一份绵薄之力，也坚信我们的中华民族一定能够早日实现伟大复兴！

目录

一、将门虎子

戚继光（1528—1587年），字元敬，号南塘，晚号孟诸，明代山东登州人。供职明嘉靖、隆庆、万历三代帝王，史称"三朝虎臣"。著名抗倭将领、民族英雄，三十六年的军旅生涯，他征战于鲁、浙、闽、粤等地，声威满华夏。同时他也是明代著名"儒将"，一生博览群书、著述甚丰。在军事上，对练兵、军械运用、阵图等多有创见，著有《纪效新书》《练兵实

纪》《练兵议》等著作，其中《纪效新书》《练兵实纪》在我国古代军事思想史上占有重要地位。

明朝嘉靖七年国闰十月初一（1528年11月12日）夜，山东济宁东南约六十里，深沉无边的黑暗笼罩着一个名叫鲁桥的小市镇，月亮经不起太长时间的等待，早已下山了，这里的一切几乎都进入了梦乡，除了那些夜晚觅食的小动物们。

镇上黑漆漆一片，只有一户人家亮着灯，主人戚景通在小院中来回地踱着，步伐时紧时慢，灯火之下略有些皱纹的脸上写满了焦虑与不安。小院中的丫鬟们来回穿梭，仆人们也在窃窃私语，所有的人似乎都在等待着什么。

不知过了几个时辰，东方的天际间出现了一丝亮色，淡淡的晨雾也慢慢地涌进了小院，使院里的一切都蒙上了一层薄薄的轻纱。

　　突然，"哇"的一声，一声响亮的婴儿啼哭打破了夜的沉静，所有的人都噤声敛步，戚景通的脸上露出亦惊亦喜的表情，他慌忙走到门口，还未等推开房门，一位慈祥的老太太从房中急急地走了出来，戚景通见她出来，慌忙问道："怎么样？"老太太满面笑容地说道："贺喜戚老爷，是个公子，公子和夫人都很平安！"听罢，戚景通长吁一口气，心里念着：戚家后继有人了！他兴奋得有些不

知所措。"老爷进去看看啊!"接生婆说道。这时,戚景通才想起自己应该去看看儿子,他三步并作两步走进房中,只见夫人王氏的身边多了一个襁褓,看见戚景通走了进来,王氏因疲惫而有些苍白的脸上露出一丝幸福的笑容,她看着襁褓中的孩子,轻轻地说:"老爷,快给孩子起个名吧。"孩子已经睡着了,看着孩子圆润的脸膛,稀稀的头发,戚景通心里一热,他抬头看看窗外,一轮红日正从东方喷薄而出,晨光顿时洒满了大地,天亮了。

"叫继光吧,但愿他能继承祖业,发扬光大呀!"说罢,戚景通充满期望的眼神落在了刚刚出生的儿子身上,他把毕生的希望也都寄托在了幼小的儿子身上。

戚家因为祖上的战功,代代世袭登州指挥使佥事,到戚景通这一代,已经历经五世,共约一百三十四年了,而戚继光则是这个家族第六代的第一个继承人。

戚景通是一个勤奋的人,他不仅熟

读兵书,有着丰富的军事知识,而且武艺超群,擅长刀法、射箭。同时,他为人也十分正直,不屑于趋炎附势、阿谀奉承,更不与奸佞之人为伍,光明磊落。老年得子,他自然对戚继光钟爱有加,但他对儿子的教育却从来没有放松过。他很早就教戚继光认字读书,练习武艺,还时常给他讲述为人处世、保家卫国的故事和道理。等到他退休在家以后,对儿子的教育就更加严格了。戚景通最重视的莫过于对戚继光的品德和操守的教育与培养,在这方面,他表现得很是严格,甚至有些

不近人情。有一次，他发现戚继光的脚上
穿了一双漂亮考究的丝鞋，便勃然大怒，
马上命他脱下来并要求以后永远不许再
穿，年幼的戚继光还不能明白父亲的用
意，更不明白他为什么要发这么大的火，
感到恐惧和委屈，大哭起来。母亲王氏闻
声走来，一边哄着年幼的戚继光，一边询
问丈夫发火的原因。戚景通气冲冲地说
明了原因，王氏说："这双鞋是我让孩子
穿的，这是他外公送的礼物，我也知道老
爷不喜欢孩子过分讲究，但是这是他外
公的一片心意，收了一直不穿，老人家会
不高兴的。"听完王氏的解释，戚景通心
里的怒气才渐渐平息了，但仍然不许戚继
光再穿这双鞋子。他语重心长地对王氏
和年幼的儿子说："一个人如果从小爱奢
侈、讲虚荣，长大后就会养成骄奢淫逸、
轻浮狂妄的恶习，小则毁掉自己的一生，
大则误国误民啊。"这件事对戚继光的影
响很大，使他自幼便在心中树立起一个

信念：人活着是不能够爱慕虚荣的。

在父亲的严格教育下，戚继光茁壮成长着。在他十五六岁时，武艺已经相当了得，他刀法娴熟、箭术高超，并且力气惊人，能够百步穿杨，单臂能举起沉重的石锁，还经常和当地一些武林中的杰出人物切磋武艺，渐渐地他的武艺在当地已经无人能敌了。在练武的同时，戚继光还熟读四书五经和古代兵书，听父亲讲述古代著名将领的故事，研习古代的一些著名战例，从而增长了知识，开阔了视野，为以后建立功勋打下了良好的基础。

明朝嘉靖二十三年（1544年）的夏天，戚继光已经十六岁了，已经古稀之年的戚景通由于年事已高，再加上积劳成疾，身患重病，他知道自己将不久于人世，就命戚继光进京办理袭职的手续。临行之前，病榻上

的戚景通紧紧拉住儿子的手，满含热泪，凝视着儿子那略显稚气而又果敢坚毅的脸庞，久久不能说出一句话来，他预感到这也许是自己和儿子能够见到的最后一面，以后整个家族的重担与希望就要落在这个尚未成熟的儿子肩上了。最后他说："孩子，我们戚家世代为将，你袭职以后，也是国家的军人，记住要报效祖国，要对得起国家和自己的祖宗。你去吧，一路小心啊!"戚继光也流下了眼泪,他只是使劲地点点头,说:"您安心养病吧,您的话我都记住了,办完事儿我很快会回来的!"说罢,便拿起母亲早已收拾好的行囊,恋恋不舍地踏上了进京的路。

年轻的戚继光无论如何也没有想到,这一次的匆匆离别,竟是他和父亲的生离死别。他一路奋马扬鞭,风尘仆仆,一路上的风景名胜和京城的似锦繁华并没有使他留恋,他只是匆匆地去兵部办完

了手续，便急急地踏上了返乡的路程。离家越来越近了，但一种不祥的气氛也越来越浓了，熟人们见了他也只是匆匆地打个招呼便离开了，"难道父亲……"戚继光想，他马上赶回家里。看到家里的白布挽幛和弟妹身上的重孝，戚继光顿时明白了，自己最敬爱的父亲已经离他而去了，他觉得头顶的太阳似乎变成了黑色，周围的一切都在旋转，他步履蹒跚地走到父亲的棺材前，痛哭起来。

父亲走了，永远地离开了他。父亲戎马一生，没有留给他们丰厚的遗产，只有他们居住的一所老屋、一把川扇和一张卧床而已，可是父亲廉洁自律、大公无私的高尚情操和对他们的严格教育却使戚继光和他的弟弟妹妹受益终生。

这一年，年仅十几岁的戚继光成为大明王朝的登州卫指挥佥事，父亲的离开也使他过早地承担了家庭的重担，既要照顾已经年迈的母亲，又要教育尚在幼

年的弟弟妹妹。第二年，戚继光娶了妻子
王氏，二人共同承担了整个家庭的生活
压力，很快成熟起来的戚继光渐渐懂得
了去思考家事、国事和天下事。

嘉靖二十五年（1546年），年轻的戚
继光正式分管本卫所属的屯田事务。

在这一段时间里，戚继光过着平静
的生活，除了处理一些日常事务以外，他
大部分的时间都用来读书和练习武艺，并
认真系统深入地研习了古代的各种兵法
书籍。年轻的戚继光渴望能够有一天像

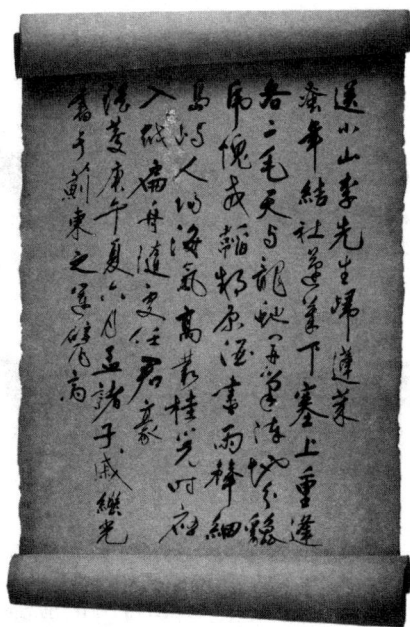

古代的英雄们一样，为国家、为民族立下
不朽的功勋，成就一番伟业。

　　嘉靖二十七年（1548年），戚继光得
到命令，率领本卫的士卒远戍蓟门（今北
京市东北），他将要第一次带领部队走
上战场。得到了命令后，他首先安排了家
中的事务，给弟弟戚继美娶了妻子，而后
满怀对未来的期望，踏上了北上的征程。
在戍北的日子里，戚继光还参加了武举

考试，并以优异的成绩成为一名武举人。

嘉靖十九年（1550年）秋，正当戚继光以武举人的身份在北京参加会试的时候，北方蒙古族首领俺答汗率领十几万大军南下，攻占了长城沿线的许多地方，对北京构成很大的威胁，朝廷紧急调集各地的兵马火速支援北京，在京应试的武举们也参加了战斗。在这次战斗中，由于戚继光表现突出，被任命为总旗牌，督防九门。这次战斗不但增加了他的实战经验，

而且让他对国家面临的处境和军队的状
况有了一个深入的认识；同时，戚继光的
突出表现也给朝廷和军队的高级将领们
留下了深刻的印象。

一个渐渐成熟的戚继光终于走上历
史早已为他搭建好的舞台。

二、初战成名

　　明朝初年，位处中国东方的日本进入了其历史上的南北朝时期，随着战争的逐渐进行，北朝逐渐征服了南朝，于是，在南北战争中处于失败地位的南朝武士们便丧失了军职，被迫流亡到各地的小岛上，成为没有正当职业的"日本浪人"。这些人与日本国内的一些不法商人相勾结，同时还吸纳了一部分农民和渔民，成群结队，乘着海风，来到中国东部沿海地区，

有时进行一定规模的走私活动，但更多的时候则是进行烧杀抢劫，造成明朝历史上著名的"倭患"。由于利益的诱惑，中国沿海地区的许多奸商、土豪、劣绅、流氓、海盗，甚至某些朝廷命官都与倭寇相勾结，他们有的为倭寇提供情报、有的为倭寇提供便利，有的甚至直接参与倭寇们的行动，危害极大。在明朝前期，明朝政府尚能应付倭寇们的袭击，但随着国势的衰弱，原本就十分虚弱的海防力量进一步空虚，在面对种种复杂的状况时，便有些力不从心了，倭寇终于酿成了威胁明朝统治的大患。

面对如此严峻的形势，明朝政府并没有意识到问题的严重性，甚至还错误地打击和惩处一些主张抗倭的将领和大臣。直至1552年，大批倭寇在江浙一带登陆，给当地造成很大的损失之后，明朝朝廷才认识到问题的严重性，不得不启用

一些较有能力的抗倭将领和大臣，抗倭的大业才因此出现了一些转机。倭寇的主要活动地点虽然在江浙一代，但在嘉靖三十一年（1552年），曾有一支倭寇的队伍在山东沿海登陆，山东的形势也一时紧张起来，于是在这一年，朝廷把戚继光调往山东抗倭前线，任山东都指挥佥事，专门负责山东抗倭事宜。

时年25岁的戚继光第一次真正地独立带兵了。这一次，他要单独面对复杂的部队情况和敌情。

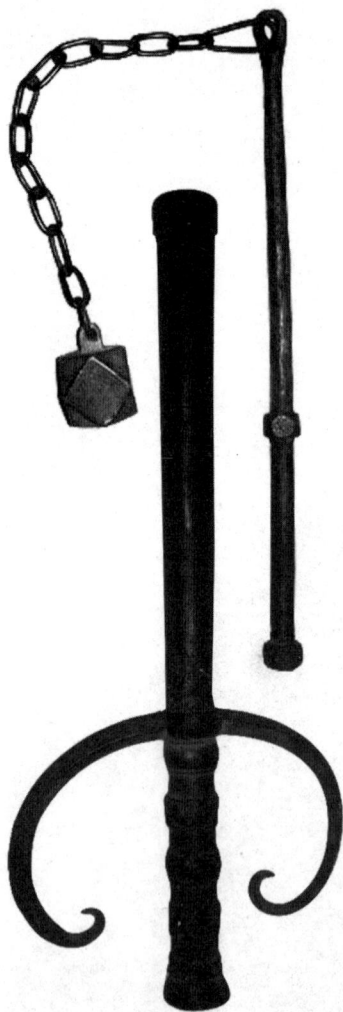

戚继光上任后的第一个问题就是如何治军。怎样建立一支训练有素、能够克敌制胜的队伍呢？戚继光首先从整顿军纪入手，他知道严格的纪律是军队战斗力的保障，有了严格的纪律，部队才能听从指挥，进而才会形成战斗力。面对戚继光推行的种种新的纪律与措施，很多人不服气，他们有些瞧不起这个只有二十几岁的年轻将领。面对这种情况，戚继光决定首先树立自己的威信。他手下有名军官，按照亲戚关系，戚继光应该叫他舅父，平时戚继光很是尊重他，但是这个人却依仗自己的辈分，说话做事都有些傲慢。

一次，戚继光在大帐里布置任务，这名军官对分配给自己的任务不太满意，便公开顶撞戚继光。面对这种情况，戚继光有些犹豫，从亲戚关系上看自己不能处分他，毕竟他是自己的长辈；但又一想，如果不当众处分他，以后便没有办法再发布命令，这样又怎么去管理部队呢？

想到这里，戚继光拍案而起，命令卫兵将舅父按军法处置，拉出去重打二十军棍，不许任何人求情。面对这样的场景，下面的军官个个都吓出一身冷汗。等到行刑完毕，当晚戚继光亲自去看望舅父，把处罚他的缘由娓娓道来，并动之以情，晓之以理，终于使舅父认识到自己的错误，明白了戚继光的良苦用心，从此心悦诚服地听从戚继光的指挥了。这件事在军中传开以后，大家对年轻的戚继光很是佩服，从此便很少有人再违反军纪了，戚继光部队

的战斗力也比以往有了显著地提高，山东的形势也得到了大大的缓解。

嘉靖三十四年（1555年），戚继光被调往浙江，任浙江都司金书。由于得到上司浙江总督胡宗宪的赏识和保举，嘉靖三十五年（1556年），戚继光被任命为参将，负责宁波、绍兴和台州三府的抗倭工作。戚继光上任伊始，就接到情报，被友军击溃的一部分倭寇大约八百多人，正向龙山所进犯。龙山所的地理位置十分重要,如果此地失守,将直接威胁省城杭州的安全。接到命令之后,戚继光马上率部出击。这一仗明军在数量上占绝对优势,上级除了调动戚继光部以外,还调动了参将卢镗、副使徐东望、王询、把总卢锜、游击尹秉衡等,几路大军共计一万余人。所有的将领都认为此役必胜无疑,但是等到明军和倭寇一交上手,才发现事情不是那么简单。

倭寇虽然只有区区的八百多人,可是面对几十倍于自己的明军士兵并不惧怕,

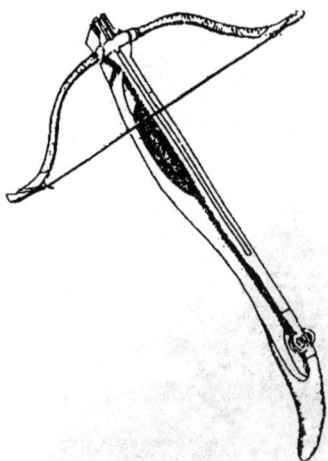

还抢先向明军发起了进攻。三路倭寇在三个头领的带领下，有的穿着奇异的盔甲，有的干脆光着膀子，手舞倭刀，"哇哇"怪叫着，凶神恶煞一般向明军冲了过来；面对凶猛的敌人，许多明军士兵有些胆战心惊。面对越来越近的倭寇，戚继光下令鸟铳和弓箭准备，一阵鸟铳和弓箭射击过后，倭寇们倒下了一片，但他们冲击的势头并没有减弱。这时，一阵鼓声响起，大队的明军士兵冲了上去，双方很快混战在一起，但很快前面的明军士兵有些

顶不住倭寇们的冲击，后面的士兵一看
势头不对，干脆拖着兵器，掉头就跑，很
快有许多人见别人逃跑了，也纷纷加入后
退的行列，这种场面如不加以控制，极有
可能形成大溃败的结局。戚继光一看势
头不对，苦思对策，当他看到三个带队的
倭寇头目，头脑中灵光一闪，只见他跳上
旁边的一块大石头，先目测了一下距离，
然后取出自己的硬弓，迅速地搭上一支长
箭，瞄上中路的倭寇首领，只听"嗖"的一
声，利箭直向目标飞去，眨眼之间那名首

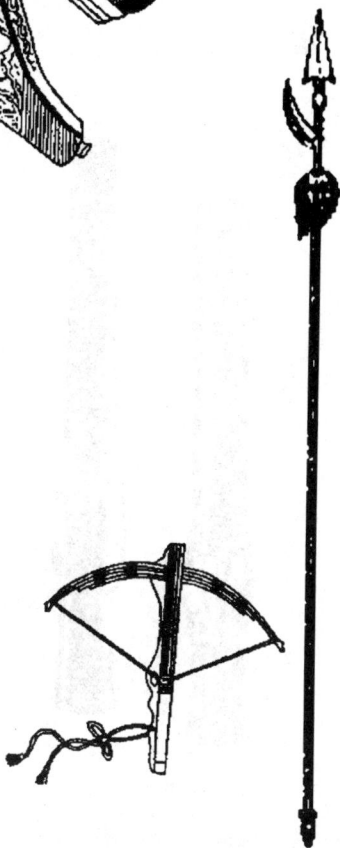

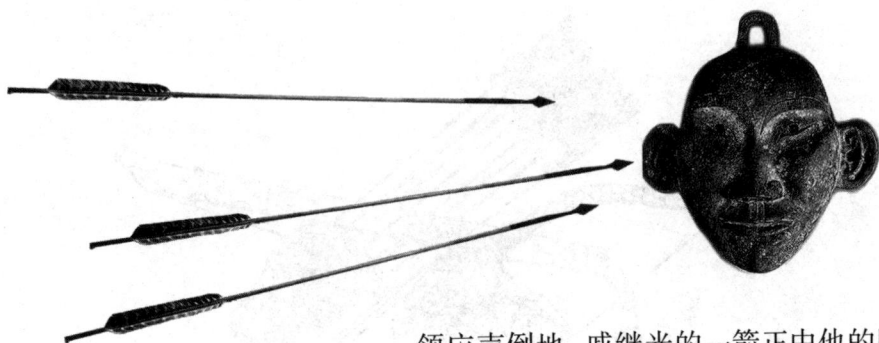

领应声倒地,戚继光的一箭正中他的胸部。看到首领突然倒地,中路的倭寇一阵混乱。这时,戚继光又瞄准了左路的倭寇首领,又把他射倒在地,同样第三个首领也被戚继光射倒在阵前。一瞬间,敌人的三名首领都被戚继光射死,失去指挥的倭寇阵形一阵大乱。这时戚继光拔出腰刀,大喝一声:"后退者,杀无赦!"明军士兵这才稳住了阵脚,大队的明军士兵冲了上去,终于将倭寇击溃。

看着已经退却的倭寇人马,戚继光长长出了一口气,这一仗明军终于取得了胜利。戚继光也因在战场上的出色表现而名声大振,得到了同僚的好评和士兵的拥戴。面对取得的胜利,戚继光并没有被冲昏头脑,他的脑海中一直浮现着在战斗中明军士兵面对倭寇退却的情景,心里想:要想平定倭贼,这样的部队怎么行呢,必须有一支能战敢打、训练有素的队伍才行。同时,戚继光认为倭寇们的战术也是值得研究的,如果不能很好破解敌人的战术阵形,便不能取得抗倭战斗的最终胜利。他因此时时陷入沉思之中。

三、鸳鸯阵法

戚继光一向重视部队的武器装备，他认为武器装备是取得胜利的关键因素之一。在作战闲暇之际，戚继光首先分析研究倭寇们的武器装备和明军的武器装备之间的差别。

倭寇主要使用日本刀和弓，其次是鸟铳等火器。其实弓箭和鸟铳在明军的抗倭部队中也有，而且性能也不落后。但是日本长刀就不一样了，倭寇们用的刀长

约一米四左右，有长柄，其长度与重量大约是明军常用配刀的两倍左右，而且可以双手进行劈砍。倭寇几乎每人必配三把刀：一长刀，又叫配刀，是他们的主要作战兵器；长刀上又配一小刀，以便杂用；另配有一刺刀，分为两种，长约一尺左右的叫解手刀，长一尺余的叫急拔刀。在作战中，倭寇往往长刀和短刀杂相使用，稍远的则用长刀，而近搏则是用短刀，非常灵活。而明军士兵装备的往往是单刀和藤牌，二者都只能单手使用，单手使用的力量远没有对方双手使用的力量大，而且使用起来也远远没有对方灵活。不仅如此，由于当时的战斗都是小规模的，对武器的要求也就很高。许多日本武士对刀十分重视，日本当时的制刀技术也非常发达，他们在制刀的时候采用"包钢"技术，这样的刀刀身整体十分坚固。并不是说明朝的制刀技术落后，其实日本的制刀技术大部分继承的是唐代的制刀技术，明朝时中国也掌握了"包钢"技术，不过由于这种方法造价很高，大规模的军队装备不起，所以只有一些将官配有这种好刀，而一般明军配备的是一种短单手刀，这种刀只有刀刃部分才是钢制，我们可以想象到明军士兵和倭寇们对抗的时候单刀对劈砍的惨痛结局。

另外，倭寇们的战术和明军有所不同，倭寇们受不同的首领指挥，主要目的在于劫掠中国的财富，他们各自成股、分散流窜，缺乏统一的作战指挥。一般说来，各股倭寇在海上啸聚窥视，选择明军薄弱地点登陆，之后立刻焚毁船只，以示

背水死战的决心。

　　行军时，倭寇往往三十人结成一队，也有的四五十人或二三十人结成一队，队与队之间相距一至二里。领队人挥舞百脚旗，以最强悍的武士为前锋和后卫，中间是一些强弱相杂的武士，一队人鱼贯而行，形成了长蛇阵，整个队伍可延绵数十里，不容易被包围。遇有敌情，即以海螺为号，聚拢起来，互相救援。

　　在与明军对阵时，倭寇队形四分五裂，但经常是背向太阳，东一处西一处，往往能够包围住明军。他们往往先派出一些人在阵前跳跃蹲伏，极尽挑衅之能事，诱使明军胡乱放箭支、火器，等到明军箭支、火器消耗完之后再开始进攻；抑或以逸待劳，待明军行动以后再行进攻。进攻的时候，以善于使刀的武士在前面冲锋，并且用俘获的妇女老幼为先锋，使明军眼花缭乱，然后挥刀上晃下砍，击杀明军；或者列出蝴蝶阵，首领挥舞本国扇子为号令，一人挥扇指挥，众人都挥舞长刀，刀光闪闪，乘明军被刀光晃住眼睛的时候，即行劈砍，这样往往能使明军陷入失败的境地。倭寇们在吃了败仗的时候，往往马上扔掉抢来的妇女、财物，在明军士兵互相争抢的时候，趁机逃跑。倭寇们还特别善于施行诡计，他们有时乔装打扮成农民、市民等进行突然袭击，有时采用声东击西的方法等等；而明军的各个部队则往

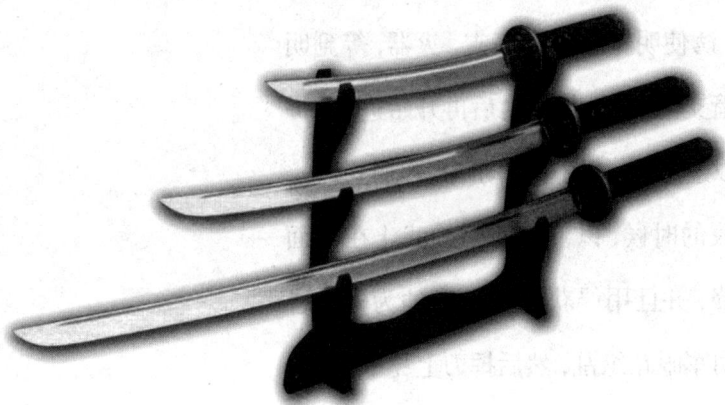

往被动出击，他们的反应速度比较慢，另外各个部队之间缺乏合理有效的配合，即使能够联合作战，各部之间也容易互相推诿，贻误战机，加上明军士兵的整体素质较差，战斗力较弱，所以明军和倭寇的战斗往往是败多胜少。

戚继光认为，如果要改变这种局面，首先必须更新士兵们的装备，使明军的装备能够有效地克制敌人长刀威力的发挥；另外还必须建立新的士兵选拔体制、训练体制和作战指挥体制，建立一支全新的部队，专门用于对倭寇的作战，这样一来，抗击倭寇的事业才有可能取得决定性的胜利。他认为首要任务是应该解决明军装备上的差距，寻找一种克敌制胜的办法。戚继光为了改变装备的劣势，开始重新采用"包钢"技术，他仿制日本长刀锻造"戚家刀"。这种刀的刀身类似日本刀，不过长度要比日本长刀短小，有些资料显示是八十到九十厘米左右，而且为了适合明军的使用习惯，刀柄有一个向下的弧度，一般资料认为是单手使用

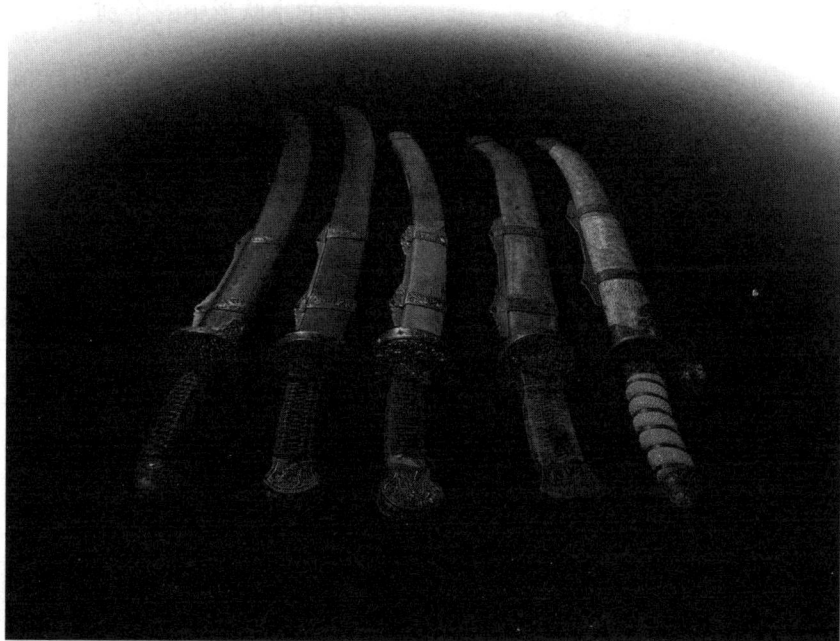

的, 有的资料也说单双手都可以操控, 这使得明军在兵器上拥有了对抗倭寇的能力。另外, 还要根据倭寇们的作战特点对部队进行重新编制, 根据士兵们的年龄、体质对士兵进行分类, 不同类别的士兵要完成不同的任务, 不同任务的士兵配备不同的装备, 形成一个个攻防兼备的小的作战队形, 全队队员各用其所长, 配合作战, 然后一个个小的作战队形构成整个作战部队。如果在作战中有的小队形中的个别士兵出现了损失, 可以根据实际情况重新组合, 而不影响小队形的战斗力的发挥。在这种思想指导下, 在长时间的作战实践中, 戚继光逐渐形成了较为成熟的作战思想和编队方法, 这就是闻名后世的专门用于对倭寇作战的"鸳鸯阵"。

鸳鸯阵

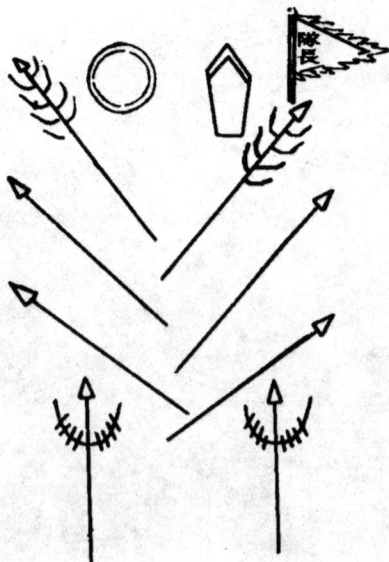

　　"鸳鸯阵"阵形一般以十一人为一队，最前面的人作为队长，接下来的两个人一个人手执长牌，另一个手执藤牌。长牌手手执较长的盾牌用来遮挡倭寇的重箭、长枪等长兵器，而藤牌手则手执较为轻便的藤牌并带有标枪、腰刀。长牌手和藤牌手主要掩护后队前进，藤牌手除了掩护之外还可与敌近战。再后面的二人作为狼筅手，狼筅是利用我国南方生长的毛竹，选取那些既老而且坚实的毛竹，用刀将毛竹的前端斜削成尖状，去掉竹叶，留下主干四周尖锐的枝丫，做成狼筅。每支狼筅长三米左右，作战时狼筅手手执狼筅，主要利用狼筅前端的利刃刺杀敌人，以掩护盾牌手的推进和后面长枪手的进击。再接着是四名手执长枪的长枪手，左右各二人，分别照应前面左右两边的盾牌手和狼筅手。再跟进的是使用锐钯的短兵手，如敌人迂回攻击，短兵手即持锐钯冲上前去劈杀敌人。"鸳鸯阵"不

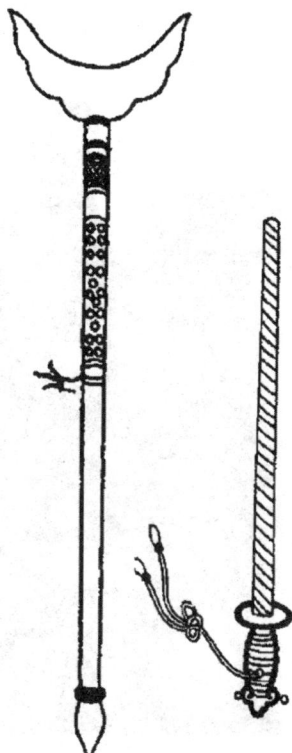

但使矛与盾、刀与箭紧密结合，而且充分发挥了各种兵器的效能，其阵形变化灵活，可以根据情况和作战需要变纵队为横队，可以变一阵为左、右两小阵，或者左、中、右三小阵。阵法可以随机应变，变纵队为横队即称两仪阵，两仪阵又可变为三才阵：当阵形变化成两个小阵时称为"两仪阵"，左右盾牌手分别随左右狼筅手、长枪手和短兵手，护卫其进攻；当变成三个小的阵形时称为"三才阵"，这时，狼筅手、长枪手和短兵手居中，同时盾牌手在左右两侧护卫。这些变化了的阵法又称"变鸳鸯阵"，这样的队形不但便于管理，而且便于日常训练，便于士兵们的协同作战。在日常生活、训练中，一个队的士兵几乎天天在一起，队长了解手下的每一个士兵，士兵之间也非常熟悉、默契，在

作战中就能够较为密切的协同配合，形成整体的战斗力，充分发挥整体作战的优势与长处。

鸳鸯阵运用灵活机动，正好抑制住了倭寇作战优势的发挥，进而发挥自己的长处和威力。戚继光率领的队伍，经过长期的"鸳鸯阵法"的演练后，在与倭寇的作战中，几乎每战必胜，在后来的牛田之战中，甚至创造了杀敌六七百余而自己无一阵亡的经典战例。

威镇海疆

四、创建新军

　　经过龙山所之战以后，在这一年的九月份，戚继光部队和总兵俞大猷的部队在追击倭寇的过程中，不幸在雁门岭中了敌人的埋伏，几乎所有的官兵都败退了。戚继光的部队虽然没有败退，但也没能继续追击敌人，以致敌人从容逃脱。从这些战斗中可以看出，明军存在整体作战能力较差、士兵素质参差不齐、将令经验不足等诸多问题。

种种情况让戚继光深感忧虑，于是在同年的十一月份，他向上级提出了练兵的建议，第二年的春天，他又一次向上级提出了练浙江士兵的建议。看到戚继光两次练兵的建议，人们议论纷纷，许多人对戚继光的想法大为不解，认为没有必要这样大张旗鼓地练兵。由于各级官僚机构的办事拖延和其他种种原因，直到这一年的冬天，戚继光的练兵方案才获得朝廷的批准，总督胡宗宪决定把兵备金事招募的三千绍兴兵交给戚继光训练。

经过戚继光的训练，这支部队的战斗力明显高于其他部队，军纪相对严明，军容也相对整齐，在一些战斗中取得了胜利。在嘉靖三十七年

（1557年），总督胡宗宪招抚大汉奸王直的计划失败，王直被捕杀，盘踞在舟山岑港的王直余部再度发生叛乱，胡宗宪命俞大猷和戚继光率部攻打岑港。当时的情况是倭寇虽然只有区区七百余人，但他们据险死守，明军久攻不下，相持了整整一个春季。这年夏天，俞大猷和戚继光同时受到朝廷的处分，上级命令他们务必在一个月内攻下岑港。虽然战斗最后取得了胜利，但是戚继光反思了自己的部队在战斗中的表现，发现自己训练的士兵虽然行动上较为迅速、敏捷，比之以前士兵的军容有较大的改观，但本质上还是没有很大的区别，他们对倭寇依然有些畏惧情绪，关键时刻作战还是不够勇敢、坚决。嘉靖三十八年（1558年），倭寇的部队进攻浙江桃渚，戚继光带领这支部队，分别在章安、菖埠、海门卫、新河和南湾五个地区打败敌军，基本上全歼了这支进犯的倭寇队伍。

虽然战斗取得了最终的胜利，但在战斗中发生的一些事情却让戚继光受到很大的震动。在一次战斗结束之后，一名士兵提着一颗血淋淋的人头飞奔到戚继光面前，来向戚继光邀功请赏，说他杀死了一名倭寇，这就是敌人的首级，还没等戚继光说话，随后又跑来一名士兵，向戚继光双膝跪倒，号啕大哭道："请将军明鉴啊，这不是倭寇的首级，这是我弟弟的首级。我弟弟在战斗中受伤以后，还没有断气，就被他割了头来请赏了。"戚继光问及此事，那名要邀功的士卒果然无以应答。看到自己的队伍里出现这种情况，戚继光异常震怒，当即将那名邀功的士兵斩首示众。另外戚继光还发现士兵们有妄杀平民的现象，这些事情一经发现，他便进行了严肃的处理。

鉴于以上的种种情况，戚继光下定决心要重新招募一支队伍进行训练。招募队伍首先要考虑的是兵源的问题，戚

继光需要的是那些勇敢、剽悍同时又不
会偷奸耍滑的人。恰在这个时候，戚继光
听到了这样一件事情。不久前在浙江义
乌地区，发生了一起大规模的群众械斗。
起因是义乌境内的一座山，这座山叫做
八宝山，因人讹传山上有矿藏，永康境内
的许多矿工和其他的一些人便来到这座
山上，要开山采矿。义乌人得到消息以后，
便告知了当地的一些大户，这些大户便

组织一些人对永康人的行为加以制止，永康人一看势头不对，便跑了。但是事情还没有结束，永康人回去之后，纠集了更多的人来到这座山上，要大张旗鼓地强行开山。这种行为更是激起了义乌人强烈的不满，他们也纠集更多的人，来到山上要与永康人进行谈判，谈判不成，双方发生大规模的群众械斗，血流满地，双方的伤亡都比较大。虽然事情本身是不对的，但戚继光看到的却是义乌人在械斗中表现的团结意识和剽悍民风，这些都是他想要的，如果把这些人组织起来用于对倭寇的作战，那将是一支令人生畏的军队，于是戚继光决定到义乌去招募军队。

经过明朝朝廷和上级的准许，戚继光于嘉靖三十八年（1559年）来到了义乌境内，由于得到了当地地方官员的有力支持，戚继光较为顺利地说服当地的一些大户和头面人物，按照自己的严格要求顺利地招募到了四千余人。完成招募工作之后，接下来的工作是对新兵进行严格的训练。经过了自少年时代开始的长期学习和近几年的实战磨砺后，戚继光形成了自己较为独特的练兵思想，他认为练兵就要对士兵的耳目、手足、胆气和营阵等各方面进行全方位的训练。

首先进行的是练耳目，通过这项训练要让士兵树立一种服从命令的意识，让士兵做到令行禁止，绝对服从。众所周知，古代将领指挥作战，主要依靠的是发

出的指示信号，这些信号主要用锣、鼓和指挥官手中的旗帜发出，戚继光首先要求士兵熟记这些信号所表示的指令含义并牢记在心。接下来士兵要做到对这些指令的绝对服从，不准有任何的差错。通过这样的训练，部队形成铁的纪律，为以后的作战提供了有力的保障。

其次，戚继光很注重士兵的体能和技艺，练手足也就是加强士兵的体能和武艺的训练，因为在那个时代，士兵的个人体能和武艺是作战时最直接的力量。他先对士兵进行体能训练，组织长跑练习耐力，用身负重物或者举重来练习身体各个部位的力量。接下来是对士兵进行技艺训练，戚继光注重实战，他反对士兵练习那些花拳绣腿，而是要求士兵练习简单实用的搏击技巧，使士兵们能够在战场上防身救命，杀敌立功。他把那些武艺的原理细致系统地教给士兵，让士兵对这些原理有一个全面的了解，然后

一招一式地演示给士兵们看, 要求他们勤学苦练, 并且设立考核制度, 以此检验士兵们练习的效果并奖励勤奋好学的士兵, 惩罚懒惰的士兵, 形成良好的练兵氛围。

再次是练胆气, 戚继光认为, 自己以前带的士兵之所以从内心惧怕敌人, 是因为士兵们的整体思想意识不高, 同时也缺乏足够的勇气和胆量。练胆气的目

的一方面是提高士兵们的思想意识，另一方面是要提高士兵们的胆量。具体的方法则是：对士兵们进行思想教育，讲明为国为民的道理和抗击倭寇、保卫家乡的意义。要求军官们以身作则，为士兵们做出表率，做到尊重士兵和爱护士兵，在日常生活中培养士兵之间、官兵之间相互信任的意识。实行严格系统的奖惩制度，在执行的时候做到公平公正，让士兵们明白努力勤奋、荣立战功就能够得到赏赐；敷衍懒惰、贪生怕死就一定会受到军纪的惩罚，没有人可以逍遥于军纪之外。

最后是练阵形，主

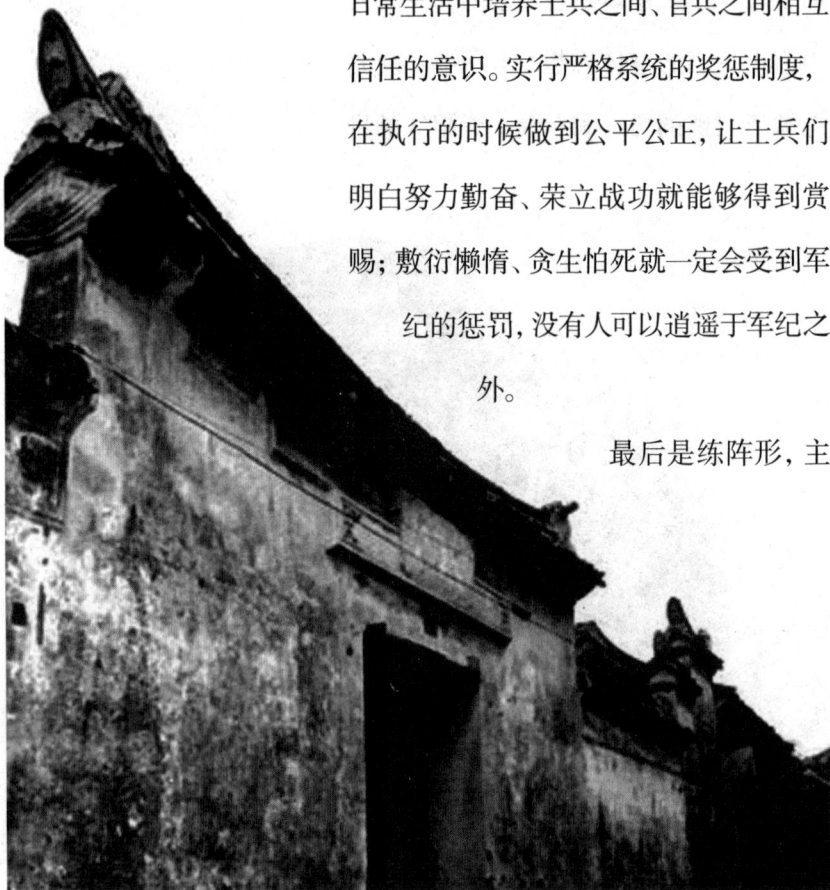

要是培养士兵们协同作战的意识。戚继光深深地知道，打仗不是逞匹夫之勇，一个人的力量再大，武艺再高强，也不可能取得战争的胜利，只有依靠团队的力量，才有可能取得胜利。戚继光根据江浙一带的地理状况和倭寇们行军作战的特点，有针对性地设置训练内容，主要训练士兵们的基本作战队形，如行军、冲锋、撤退等阵形，重点演练他独创的"鸳鸯阵"法。通过这些训练来提高部队的整体作战能力。

经过较长时间的系统的军事训练，戚继光在义乌招募的四千人马确实成了一支素质过硬、能征惯战的劲旅，在以后的战斗中立下了赫赫战功，戚继光和这支部队也因此威名远扬，百姓们亲切地称这支部队为"戚家军"。

五、台州之战

嘉靖三十九年（1560年），戚继光任金严参将，具体负责台州、金华、严州三府的防卫事宜。到任以后，他采取了一系列行之有效的措施来整饬当地的防务。首先他请求上级给他便宜行事的权力，得到了上级的批准以后，他还要求设立监军，不久上级就派来了唐尧臣作为他的监军，有了唐尧臣很好地配合工作，戚继光更是如虎添翼。其次，戚继光还整顿

了卫所，创建了水军，这样就使卫所中的老弱病残得到了补充和替换，部队的战斗力大为增强。为了便于海上作战，戚继光还打造舰船，训练水军，为将来的水陆配合、共歼倭寇打下了基础。此外，他还建立了防区的瞭望和报警系统，加强了防区的侦察和反应能力，调整了防区的力量部署，使各部队之间的联系和配合更为紧密。经过戚继光一段时间的整顿，整个防区的防御力量得到了很大的提高。

　　嘉靖四十年（1561年）四月，倭寇大
举进犯浙江地区，沿海一带的象山、奉
化、宁海等地区纷纷传来倭寇登陆的消
息，他们聚集数百艘战舰，纠集一两万人
马，蜂拥而入，一时间浙江的形势十分
紧张。其中，约有两千余名倭寇聚集在宁
波、绍兴一带观望，伺机入侵台州府。当
得知台州一带防守甚严之后，便流窜到
宁海一带烧杀抢掠，企图吸引台州府城、
松门和海门一带的明军力量进行支援，而
后可以乘机攻占台州府。戚继光得到情

报之后，对敌情进行了分析与判断，并针对敌情的变化进行了相应的部署，命部将率领一部分兵马分别守卫海门和台州府，自己则亲率主力部队赶赴宁海拒敌。

在侦知戚继光的动向之后，倭寇们也随即调整了部署，他们得知戚继光去了宁海，台州府守备空虚，就兵分三路同时向台州进发。其中一路约有五百余人，向桃渚方向进攻；另一路也是五百余人，向新河方向进犯；第三路约有两千余人，分乘十八艘战船，停泊在健跳的圻头，随时威胁健跳的安全。戚继光得到情报后，迅速分析了情况并向上级做了报告，根据自己的判断和上级的命令，决定首先歼灭新河地区的敌人。倭寇们先在新河城外各地抢劫一番，然后集结到新河城外，准备攻城。四月二十六日拂晓时分，倭寇们进逼城下，恰在这时，戚继光的援军出现，原来，前一天戚继光在宁海得到情报后，已经命令镇守台州和海门的部分兵马援助新河。双方猝然相遇，展开激战，时间不长，倭寇们抵挡不了戚家军的猛烈攻击，匆匆后退，一路退到城南寺前桥一户姓鲍的官员的院子里。鲍家大院的房屋和院墙较为高大、坚固，门口较小，易守难攻，于是明军采取了围而不攻的策略，双方整整对峙了一个上午，明军并不派士兵靠近，只是用鸟铳和弓箭进行攻

击，倭寇死伤不少。下午，倭寇组织兵力进行突围，结果被明军打了回去，双方一直对峙到天黑。看到进攻无望，明军退回新河城内，这时倭寇们乘着夜色，仓皇往温州方向逃去。次日清晨，明军将领胡守仁、楼楠率军追击，追到温岭附近，再次大败倭寇残部。新河一仗下来，倭寇伤亡惨重，明军斩获颇丰，溃逃的敌人向乐清方向奔去。

在新河之战的同时，战场的形势又

发生了变化，原来攻击桃渚方向的敌人，并没有攻击桃渚，而是向桃渚南部进犯，直接向台州方向进攻，戚继光判断出敌人的最终目的，于二十六日夜急行军至桐岩岭附近，作了一次短暂的休息，于拂晓时分向台州府进发。这时明军已经断粮数日，士兵们又饥又饿，戚继光决定到达府城之后，先让士兵们吃顿饱饭，好好休息一下，然后再去御敌。不料，刚进城不久，士兵们还没有来得及做饭，倭寇的前

锋部队已经窜至距城只有二里的花街，敌我形势很是危急，戚继光一面命令伙夫做饭，一面命令士兵准备战斗，只听他一声令下，已经十分疲惫的士兵立刻抖擞精神，决心打完这一仗再吃饭。一通战鼓响过，戚家军立即展开阵形，迎着敌人冲了上去，士兵们配合娴熟、进退有据，鸳鸯阵发挥了巨大的威力，明军越战越勇，而倭寇们很快乱了阵形，双方刀枪的撞击声，倭寇的惨叫声，明军士兵的喊杀声，

不绝于耳；倭寇们不能支持，纷纷败下阵来，戚继光抓住机会，命令士兵猛冲猛打，追杀残敌，战斗很快就结束了，明军不但杀敌无数，而且还解救出了许多被掳的民众。等到大部队打扫完战场，回到城里，伙夫们的饭还没有做好。

于前几日泊于健跳地区的倭寇，在四月二十八日登陆，并且在五月初进犯台州府城东北部的大田镇，企图从大田镇进攻府城。而此时戚继光身边只有

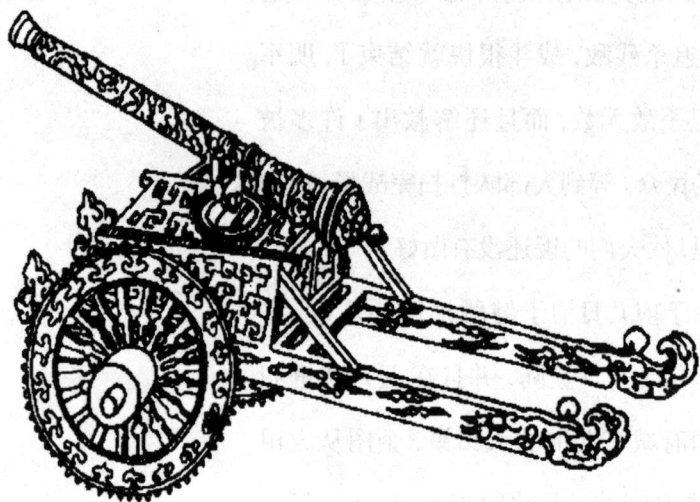

一千三百余人。面对强敌，他鼓励士兵不要惧怕。在勘查完地形之后，戚继光决定在大田岭地区打敌人一个伏击。但是倭寇们也发现大田岭是一个打伏击战的好地方，于是他们也暗中设下埋伏，双方都等待着对方出击。时间一长，倭寇看明军按兵不动，决定放弃进攻台州的计划，退兵到大田中渡，企图进犯仙居，并自仙居向处州一带进军。面对敌情的变化，戚继光认为，敌人要从小路进入处州一带，必先经过上峰岭，上峰岭一带是山区，多峻岭崇山、荒树野草，地势险要，易于隐蔽，于是他决定在这一带再次伏击敌人。

他命令一支部队跟在敌军的后面，佯装追击，自己亲率大队人马先到达上峰岭地区，做好了伪装，埋伏起来。等明军士兵做好准备之后，倭寇的大队人马才慢悠悠地来到上峰岭，他们满以为戚继光还在后面远远地追赶呢。倭寇们的队伍在山上列成长长的队伍，前面和后面都是一些精锐，而中间则是些老弱病残。戚继光等倭寇过去了一大半，才命令士兵发起攻击，把敌人从中间截成两截，使他们首尾不能相顾。明军士兵居高临下，枪炮齐发，倭寇们遭到突然袭击，死伤无数，慌作一团，等他们回过神来，明军士兵早已冲到了眼前，这时尾随倭寇的那一支明军也赶了过来，几路明军将倭寇团团围

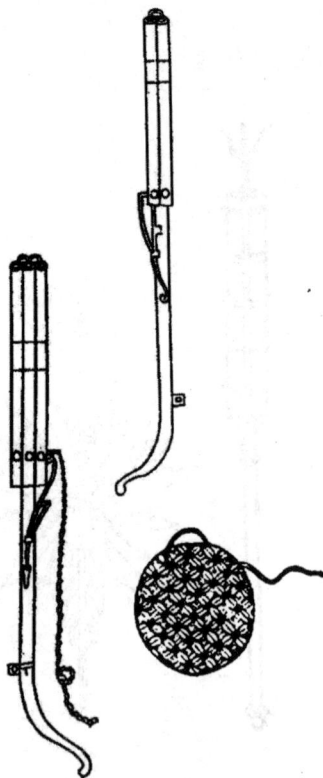

住,一阵冲杀,将倭寇们杀得横尸遍野、哭爹叫娘,倭寇首领一看势头不对,便带领部下抢登上界岭,其余不及跟随者纷纷投降。上界岭四面陡峭,只有一条路可以攀登,明军士兵勇猛冲杀,尾随敌人攻上山头,在山头又是一阵厮杀,倭寇们被杀得四处逃命,被杀的、自杀的、坠崖的,乱成一团,只有很少一部分人滚下山头,逃往水洋方向,逃进了朱家大院。明军士兵顺势把朱家大院团团围住,用弓箭和鸟铳攻击,而倭寇们也以这些武器进行还击,最后明军用火药和火箭引燃了朱家大院,倭寇们突围不成,走投无路,自杀的、投降的比比皆是。明军在戚继光的指挥下最终取得了胜利,杀敌较多,并且俘虏了一些倭寇的头目,缴获倭寇的兵器近两千件,自己伤亡却很小。

经过了新河、花街、上峰岭的战斗以后,五月十七日,前几次战斗中逃跑的倭寇聚集起来,重整队伍,两千余人在太

平（今温岭市）的长沙一带登陆。上岸以
后，他们构筑工事，建立巢穴，并且劫掠
百姓财富，准备在此地长期据守，等到来
年再返回国内，在据守的同时还企图向
南北两个方向扩大地盘。得到消息后，戚
继光和部将还有当地的地方官员一起商
议对策，最后决定用水军和陆军联合作

战来围剿敌军。他率领陆军向长沙一带进军，同时命令水军从水上包抄敌人的后路。十八、十九日，明军冒雨前进逼近长沙，二十日清晨，明军隐蔽前进，突然出现在敌军面前。见明军士兵突然出现，倭寇们十分惊恐，仓促迎战，被明军迎头痛击，抵挡不住，纷纷向海上逃窜，不料又被明军水军拦住，加上倭寇的大部分船只被明军焚毁，许多人只得泅水逃跑，但海上风大浪大，下水的倭寇几乎全被淹死，没有下水的倭寇也在海滩上几乎全部被歼。还有一部分在开战前外出抢劫的倭寇，得知自己的老巢被毁以后，不敢回去，趁夜色逃到海上，也被明军水军如数歼灭。

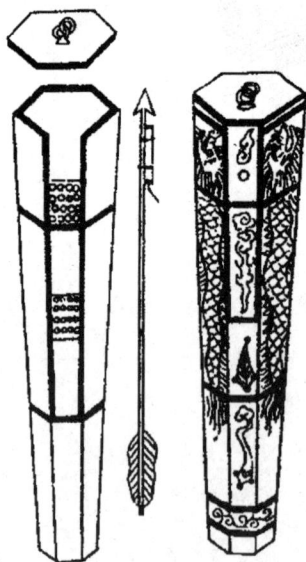

台州之战历时一个多月，经过了新河、花街、上峰岭等大小数次激战，戚继光成功地粉碎了倭寇进攻台州府的计划，共歼灭敌人五千有余，加之其他地区的将领也收获很大，这一年进攻浙江省

的倭寇基本覆灭。因为战功显赫，嘉靖
四十年（1561年）九月，戚继光升任都指
挥使。他带领的部队也声名鹊起，威名传
遍了东南各省。经过朝廷的准许，戚继光
又在义乌地区招募了两千人，这样使得部
队的总人数达到了六千人。事实证明了戚
继光的练兵方法是行之有效的，他的军
事才能也是卓越的。在作战的间隙，戚继
光写了军事著作《纪效新书》，专门谈论
了练兵的方法，并且在作战中不断完善了
鸳鸯阵法。

嘉靖四十一年（1562），倭寇又进犯
温州，戚继光率兵出击，几乎全歼敌军。
从此，浙江一带的倭患基本平息。

六、平定福广

在浙江的平倭战斗取得重大胜利以后，倭寇们基本放弃了对浙江一带的侵扰，而把侵犯的重点放在了临近的福建省。由于福建一带守备较为空虚，兵力较弱，又没有像戚继光那样的得力将领，所以倭寇在福建一带连连得手。自嘉靖三十七（1548年）年起，倭寇在入侵浙江的同时，也在骚扰福建，从嘉靖三十四年（公元1555年）以后，倭寇连续数年入侵

福建，先后攻占了福清、福宁、宁德和永宁等地区，而且经过多年经营，倭寇在宁德的横屿和福清的峰头建立了自己的巢穴，长期盘踞于此，为害四方，福建的抗倭形势十分严峻。

鉴于本省的严峻形势和浙江的抗倭斗争取得的重大胜利，时任福建巡抚的游震请求朝廷派浙江省的军队进入福建，支援福建的抗倭斗争。朝廷最后决定派戚继光的六千余人和督府中军都司戴

冲霄的两千余人赶赴福建作战，以副使
王春泽为监军。

　　来到福建以后，福建监军副使汪道
昆前来迎接，接下来宾主双方召开了联
合作战会议，商讨了两省的部队如何协
同作战的问题。经过较长时间的讨论，戚
继光起草了作战条令，要求双方都要按
照作战条令来行动，从而成功地解决了
部队间协调的问题。他们还讨论了作战方
案，决定首先攻打聚集在横屿地区的敌
人，然后再逐个解决其他地区的敌人。
戚继光仔细研究了横屿一带的地形和地
貌，在八月初，又做了一系列的准备工作，
对水军和陆军做了相应的部署，争取了当
地民众的支持，加强了敌情的侦察工作，
同时还对士兵做了战前的动员工作。

　　横屿是一个四面环水的小岛，只有
在退潮的时候，才露出一片片的淤泥海
滩，想要攻打横屿，必须在退潮时越过这
片海滩。根据这种情况，戚继光决定用

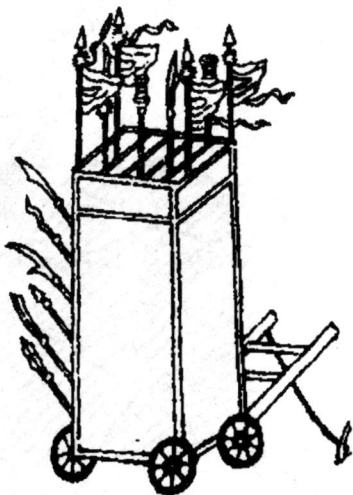

草捆添泥的办法渡过泥滩,他命令每个士兵都准备一捆草备用。八月初八这一天,戚继光率领一路明军经由兰田渡向横屿进发,另一路明军由戴冲霄率领经由东山铺进军横屿。戚继光心里明白,如果部队不能在涨潮前破敌成功,不但不能解决横屿的敌人,而且登岛部队的后路也将被潮水切断,这样的话,整个作战计划将全盘失败。因此在作战前,他向士

兵们讲明了情况，鼓励士兵们拿出破釜
沉舟、背水一战的勇气和决心，歼灭岛上
的敌人，并且他将亲自为士兵们擂鼓助
威。将士们士气高昂，紧张有序地按照事
先演练的方法奋勇前进，鼓声停息，便休
息片刻；鼓声响起，继续前进。很快，戚
继光的部队便到达了对岸，倭寇们没有
想到明军能这么快登陆成功，匆忙在滩
头摆开阵势，妄图将登陆的明军赶回泥
滩之中，但明军士兵勇猛异常，他们很快
列成阵形，密切配合，不大一会儿就占了
上峰，压倒了敌军的气势。这时明军的预
备队在戚继光的命令下也投入了战斗，明
军士兵逐渐攻入了岛内，倭寇们渐渐不能
支撑，开始乱了阵脚，有些倭寇已经开始
逃窜，很快倭寇们的防线就全线崩溃了。
明军很快捣毁了倭寇的巢穴，并将之付之
一炬，岛上的倭寇也几乎被消灭。明军迅
速打扫了战场，并返回了出发地点，这时
潮水刚刚开始上涨。戚家军杀敌近四百

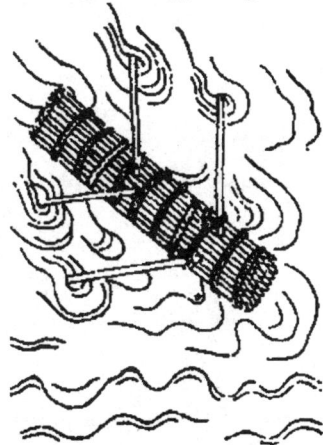

余人，解救出民众八百多人，取得了入闽作战的首次胜利。

经过一段时间的补给和休整以后，八月二十九日，明军集结于福清。福清一带的情况更为复杂，倭寇与当地的山匪互相勾结、狼狈为奸，总数达到了数万之众，得知了明军的动向之后，他们摆开了一字长蛇阵，以杞店、上薛、牛田、西林、木岭、葛塘、新塘等地为营地，各处营地互相联通、依次相顾连成一线，一时间倭寇的营地绵延三十余里。面对这种情况，

戚继光决定采取各个击破的办法消灭敌
人。戚家军在九月一日夜奇袭杞店，消
灭该处的敌人。戚继光料定其他地方的
倭寇会在晚上偷袭明军，于是，他一面命
令士兵休息，一面又派出大批的弓箭手、
鸟铳手和其他军士埋伏在倭寇必经的路
上。果然，在夜里有一批倭寇准备偷袭明
军军营，结果却中了明军的埋伏，几乎全
军覆没。接下来，牛田、上薛等其他地方
的倭寇也相继被明军击破，一部分残余
的敌人向惠安方向逃去。

　这一战结束以后，逃亡惠安的敌人
觉得戚继光不会在福建停留很久，加上
惠安一带较为荒凉，无财可劫，便又窜回
兴化，在林墩一带安营扎寨，聚集了四千
余人。林墩一带地形较为复杂，水网密
布，陆地行军很是不便，只有一条路可以
接近，倭寇们利用地形，构筑工事，拆毁
了主要的桥梁，并且加强了道路的防守。

　经过牛田一战，戚继光把部队带到

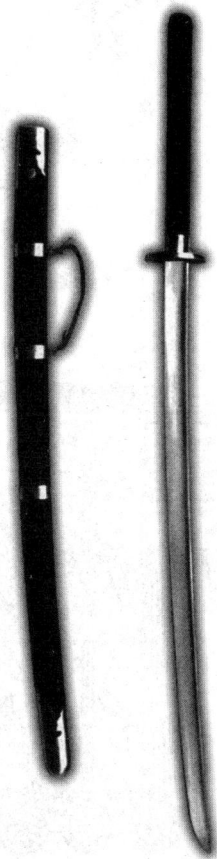

了福清驻扎下来，并且派出侦察人员侦察敌人的动向，了解了敌情之后，制定了相应的作战计划。这一次，他深恐敌人经不住打击再次溃逃，于是使了个障眼法，先率领部队到达江口，而后在江口绕道进入兴化城，进城以后，他摆出一副部队要休整的样子，安排战士住宿，而后拜访了当地的一些士绅和名流，而且大摆宴席，一直喝到深夜。城里的奸细把这里的一切都告诉了倭寇的首领，倭寇们以为戚继光一时不会发动进攻，便又放松了戒备，安心地睡觉去了。等到午夜时分，戚继光悄悄地集结人马，趁着月色的隐蔽向林墩方向进发。等到天快亮的时候，明军发动了突然袭击，战斗进行得异常激烈，每一个关口，每一段道路双方都进行了惨烈的争夺，双方的伤亡都比较大，整个战场血流成河、尸积成山，倭寇们最终无法抵御明军的猛烈进攻，大部分被歼灭，余下的一小部分也在逃跑的途中被消灭。

天亮以后, 明军打扫完战场返回城内, 由于这次行动是秘密行动, 许多百姓还不知道戚家军又打了一个大胜仗。当他们得知林墩的倭寇被消灭以后, 高兴万分, 立即自发组织起来, 敲锣打鼓, 慰劳大军。戚继光则忙于抚恤受伤和阵亡的将士。他身着缟素, 设案焚香, 拜祭在历次战斗中阵亡的将士英灵。

由于连续作战, 士兵伤亡较多, 部队已较为疲惫。十一月初, 戚继光班师回浙江休整, 福建各地的官员和民众苦苦挽

留，戚继光很是感动，许诺尽快从浙江回来继续平倭。在历时一个多月的平倭战斗中，戚继光结识了许多福建的同僚，并与福建监军副使汪道昆成为知己。由于在福建平倭有功，嘉靖四十二年（1563年），戚继光升任署都指挥佥事，同年十二月，升任副总兵，负责浙江的温州、处州二府和福建的福宁州和福州、兴化二府的平倭工作。

戚继光回到浙江以后，福建的倭寇

们就得知了消息，他们弹冠相庆，又猖獗了起来，先是集中大队人马攻陷了福宁和政和两地，又包围了福建省的政治经济要地兴化，并巧施诡计，于十一月二十八日深夜攻陷兴化城，在掠杀完毕之后，倭寇们主动放弃兴化，占领平海卫，盘踞于此，伺机出海逃窜。兴化府城陷落以后，朝廷很是震动，调新任总兵俞大猷和副总兵戚继光入福建作战。俞大猷先入福建，与倭寇形成对峙局面，并且动用水军切断了倭寇从海上逃跑的路线，以待戚继光到来之后，能合兵一处，共击敌军。

戚继光上任以后，上书朝廷要求补充兵力，得到许可后，于嘉靖四十二年二月再次到义乌募兵，半月左右就招到一万余人。三月初，戚继光率领新兵开赴抗倭前线，一边行军，一边训练，于四月十三日到达福清，四月十九日与俞大猷部汇合。

得知戚继光重新进入福建以后，倭

寇们很是害怕，他们先是打算把劫掠的财富运回国内，在受到明军的打击后，又被迫返回原地，无奈之下，移营许家村，凭借有利地形安营据守，随时准备从海上逃跑。四月二十日，福建巡抚谭纶和监军汪道昆在渚林召集前线将领戚继光、俞大猷、刘显等召开作战会议，会议商定由戚继光部作为中路，以俞大猷部、刘显部作为左右两翼，分三路进攻许家村。第二日凌晨，戚家军趁着黎明前的黑暗，兵分三路向许家村进军，黑暗中只是听到阵阵紧张而有序的脚步声，上万人的队伍没有发出任何其他的声响。许家村越来越近了，天色也渐渐亮了起来，突然前面传来阵阵的马蹄声，原来倭寇已经发现了明军的行踪，他们派出了骑兵和步兵攻击明军。戚继光命令部队迅速展开阵形，以前队的火器向敌人齐射，霎时间枪炮齐鸣，硝烟四起，枪炮响处，敌人人仰马翻，剩余的战马受惊，四处乱窜，有的

倭寇被当场打死，有的被受惊的战马踩死、拖死，后面的步兵要躲避战马，也阵形大乱。明军趁势发动进攻，双方搅在一团。这时明军的两翼部队也赶了过来，三路并起，猛冲猛杀，很快将倭寇击退，并趁势杀进许家村倭寇的老巢，顺风放起一把火，将倭寇的营盘烧成一团灰烬。第二天戚继光又命部将搜寻残敌，又斩杀了近二百人。至此，明军彻底荡平了整个平海卫地区。

平海卫一仗后,朝廷为了表彰戚继光的战功,升他为署都督同知。这次战斗以后,戚继光又率领部队在连江的马鼻岭和宁德的硝石岭一带消灭了部分倭寇。戚继光第一次离开福建时,入侵的倭寇已基本被消灭或者被赶回海上,福建一带一时间风平浪静,百姓也过上了一段相对安稳的日子。

趁着倭寇撤退的间隙,戚继光和福建巡抚谭纶对福建的防务进行了整治,他把自己带来的队伍分成两部分,一部分回浙江休整,一部分留在福建,两部分部

队轮流防卫,并且把防区分为北路、中路和南路三部分,恢复水军的水寨建制,设立五个水寨,每寨船只若干,将士若干,这样福建的防守面貌一新,形成了一个较为完善的系统。

戚继光和谭纶刚刚部署完毕,倭寇们又趁秋汛集结起两万余人,准备重新入侵兴化一带,他们准备把抢掠的第一站放在仙游。十月底,倭寇们陆续在沿海一带登陆。面对凶猛的倭寇,戚继光命令各防区都要奋起抵抗,另外,他还派军官召回在浙江轮休的另一部分官兵。十月,戚继光被正式任命为总兵官,负责浙江和福建共九州一府的防务。十一月初,戚继光和谭纶等从倭寇们的动向中判断出他们有进犯仙游的可能性,便一面率领部队向仙游进发,一面派小股部队预先进入仙游,协助当地守军守城。十一月七日,倭寇近万人将仙游团团围住,准备攻城。当时仙游城里的士兵并不多,只有区区几

百人，这时，戚继光的部队还没有集结完毕，另一部分部队还没能够从福建赶来。为了给解除仙游之围赢得时间，戚继光一面派少量的士兵在仙游城北的铁山一带安营扎寨，牵制敌人；一方面派少量的士兵不时地骚扰敌人，使敌人不能够专心攻城，他还命城中的守军假意与敌人和谈，迷惑敌人，拖延时间，同时还设置许多疑兵，虚虚实实，使敌人不能明白戚继光的真实意图和实力，既不能专心攻城，也不能分兵攻击其他地方。戚继光还故意施计从心理上打击敌人，他专门命人

制造一些火炮，与正常的火炮相比，这些
火炮的后膛要薄了许多，在把这些火炮
运往仙游的途中，故意引诱敌人来抢，倭
寇们得手后非常高兴，在第二天攻城的
时候，倭寇们把那些大炮摆在阵前，要炮
轰仙游城，谁知道当点燃大炮时，所有的
大炮几乎全开了后膛，倭寇被炸死炸伤
了好几百人，看到这种局面，倭寇们十分
沮丧，不得不匆匆收兵了事。而城中的军
民看到这一场景却备受鼓舞，信心大增。
这些看似简单的方法却有力地支持了城
中的军民，使得仙游城不至于在短时间
内被攻破。

　　在采取这些措施的同时，戚继光还
考虑到了福建其他地方的抗倭工作和省
府福州的安全。他把整个福建的抗倭工
作看作一个整体，把有限的兵力做了有
效的安排和部署，使全省各地的安全都
有了一个保障。他还为下一步围歼仙游之
敌做了较为充分的准备，从东、南两个方

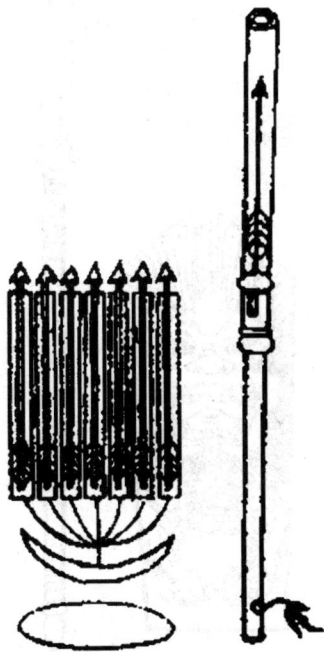

向加强了防守, 加上在仙游城北牵制敌人的力量, 可以有效地防止敌人从三个方向逃窜。

等到轮休的队伍到达以后, 戚继光根据侦察得来的情报, 召集将领宣布了具体的作战计划。他认为自己的兵力和倭寇不相上下, 而敌人却分布在四个城门, 应集中兵力将敌人各个击破, 先围歼南门外的敌人, 然后再从两翼进行突破, 击败东、西两门外的敌人, 这样一旦成功, 北门之敌将不攻自溃。十二月二十五日清晨, 下了一夜的大雨停了, 浓浓的大雾笼罩着整个仙游地区。明军士兵在大雾的掩护下摸向敌营, 直到城下, 才发现倭寇们正在用器械攻城。明军迅速列好阵形, 冲了过去。倭寇们慌忙放弃攻城, 掉头对付眼前的明军, 戚家军兵分几路, 将整个南门外的倭寇团团围住, 一阵冲杀, 将倭寇逼入营内, 然后用火将整个营盘引燃, 不消片刻, 南门外的倭营便化为

浓烟和灰烬，残敌逃往东门。明军士兵按照作战计划，一路追杀过去，又将东、西门的倭营击破，敌人招架不住，又逃往北门，明军士兵在戚继光的督战之下，又重创了残余的敌人。余下的敌人溃退，后又向泉州、惠州两个方向逃去。明军在戚继光的领导之下，不但解了仙游之围，而且重创了倭寇。后来，戚家军又在王苍坪、蔡坡岭两个地区大破倭寇，福建的倭患基本平息。

嘉靖四十四年（1565年），在福建落败的倭寇逃到临近的广东省，与当地的倭寇汇合，并且勾结当地的海盗吴平，形成一股势力，危害较大。戚继光又和俞大猷配合作战，合力围剿海盗吴平和当地的倭寇，两部在南澳一带大破吴平部，歼灭敌人六千余人，解救出民众近两千人，但匪首吴平败逃到广东饶平的凤凰山，戚继光和俞大猷各派部将合力攻打凤凰山，几次均未成功。吴平趁机逃到潮州，戚继光亲自率部追到潮州进行围剿，吴平力不

能敌，又逃到广东的雷州和广西的廉州，后来吴平在今越南境内的安南一带被明军消灭。

嘉靖四十五年（1566年）以后，朝廷任命戚继光为福建总兵同时兼管广东省的惠州、潮州两府，还兼管江西省的南安、赣州两府，他不仅要负责防御海上倭寇的侵袭，还要防备内地的山贼作乱。面对朝廷对自己的信任与重托，戚继光决心大干一场。他针对具体的问题，提出自己的主张与建议，为这些地方创造了一个较

　　为稳定的发展环境，当地的百姓们也过上了较为稳定的生活。

　　经过了十余年的征战，明朝东南沿海的倭患也基本平息，已经人到中年的戚继光不仅带出了一支能征惯战、声名远扬的队伍，为国家和民族立下了不朽的功勋；同时，他在军事战略和战术思想上也已经成熟，他的军事才能和指挥艺术也在战争当中大放异彩，他成为当时乃至中国历史上的著名将领和军事家，但这时

的戚继光仍然是谦虚的、谨慎的，他想为
国家和民族更多地贡献自己的力量和才
华。

七、北成辽蓟

嘉靖四十五年（1566年），明朝嘉靖皇帝去世，他的儿子明穆宗即位，以第二年为隆庆元年。此时，南方的倭患已经基本平息，而北方蒙古鞑靼部的不时南下侵扰，成为明朝政府面临的突出问题，朝廷一直在考虑解决问题的办法，这一年的九月，蒙古俺答部进犯山西，土蛮进犯蓟州，整个京师地区一片恐慌。十月，朝廷决定调戚继光来京师任职，以解决国家北部所面临的敌情。

十一月，戚继光告别战斗多年的江浙地区和民众，祭扫了在平倭战斗中阵亡的将士祠堂，也辞别多年的同事和朋友，来到明朝的都城北京。戚继光刚到北京，就上书朝廷，陈述了自己对于北方的边情和抗击鞑靼的具体策略与办法，要求朝廷拨给自己士兵和行事的权力，着手训练，积极防御，以求改变北方边境的被动局面。但由于朝廷听信流言，对戚继光不够信任，只是让他在北京任了一个神机营副将的闲职。但是，由于北方战事的吃紧，加之朝廷中的一些大臣如内阁辅臣和兵部左侍郎谭纶等的大力支持，朝廷最终决定让戚继光出任总理蓟、昌、保定练兵事务一职。上任以后，戚继光又面临和当地总兵的权力分配问题，于是在隆庆三年（1569年），朝廷调回蓟镇总兵郭琥，任命戚继光为蓟镇总兵，负责蓟州、永平、山海各处的防务工作。

　　戚继光认为，北方少数民族擅长骑射，只有能够抵御蒙古骑兵的长箭和猛烈的集群冲击，才能在战争中取得胜利，进而才能守住边境不受侵犯。他还认为车战是防御敌人的最好战术，主张用战车来装备车兵，然后把步兵、骑兵和车兵混编在一起，以战车来防御和打击敌人的骑兵，同时用步兵来保卫战车，以骑兵

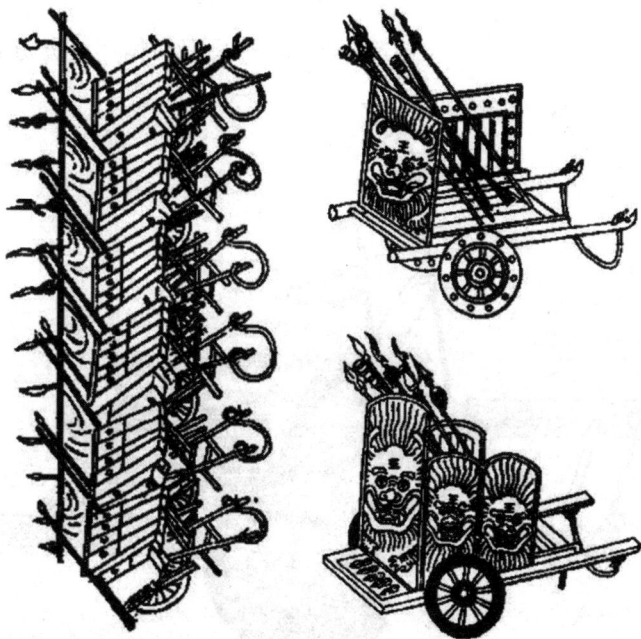

来保卫步兵和追击敌人，这样形成了一个较为严密的攻防作战系统。戚继光上任不久，即着手建立车步骑营，朝廷为此专门拨银两用于制造战车和车载的火器。后来，戚继光共建成战车营十二座，每座车营分别装备轻车和重车近三百五十辆，重车每辆车配备大约二十名士兵，装备火炮两门，鸟铳和火箭若干，齐射的火力相当猛烈，士兵们也分工合作，有的负责驾车，有的负责操纵火炮，有的负责火箭，同时配备长刀和藤牌负责防御，每辆

战车还装有又长又厚的车厢，用以防御敌人射来的火箭和石头。另外，每辆战车还有专人负责本车士兵的伙食。整座战车营还有指挥官专用的指挥车，专门的火箭车和大将军车，其中大将军车上载有威力较大的大口径火炮，整个车营的防御性能也特别好，列起阵来可以防御敌人骑兵马队的正面冲击和强弓长箭的射击，很好地遏制了敌人骑兵威力的发挥。另外，战车营还装备了许多不同口径的火炮、大量的鸟铳和火箭，在战斗中，各种火力搭配，形成梯次，可以连续轮番射击，大面积杀伤敌人的骑兵马队。

战车营、步兵营和骑兵营要配合使用。骑兵营和步兵营也配备大量的火器，但步兵营的主要功用在于保障战车营的安全；骑兵营的主要职责在于驱赶靠近战车营的敌人骑兵，使其不能杀伤我军的士兵。另外在敌人溃逃之时，骑兵营要整队出击，有效地追击和歼灭敌军。车、

步、骑三营配合，可守可攻，先守后攻，威力十分强大。但这样的配合却也带来了日常训练的复杂性，由于北方士兵的纪律性较差，戚继光请求朝廷把他原来部队的一部分调到北方作示范训练，并且根据实际情况，亲自编写了练兵法则和条例，采取了循序渐进的方法进行训练，先是单兵训练，然后是士兵之间的配合演练，最后是兵种之间的协同作战演练，力争使整个体系的作战威力达到最佳状态。经过长时间训练，这种编制的合成兵种终于可以有效抵御敌人的进攻了。

根据敌人的骑兵出没不定、机动性强的特点，戚继光还主张修缮边墙和敌台预防小股敌人的侵扰。隆庆二年（1568年）年底，戚继光请求朝廷拨专款用于

修建空心敌台。所谓空心敌台，是一种类似于民间大院门楼的建筑物，一般依地势而建，台高约十米，长和宽各有五十米左右，中间是空心的，分为上、中、下三层，可容纳数十人居住；整个敌台是一个较为完备的系统，士兵们防守用的器械、设备和粮食等生活用品都存放于敌台里面。敌台不仅可以向远处瞭望，发现敌人，而且可以长期驻扎士兵，其作用相当于现代边境线上的边防哨所之类的设施。空心敌台是历代边防工事的首创，没有成熟的范例可以借鉴，为了便于修建，戚继光制定了修台的规则,在选址、用料、建筑标准上都做了具体的要求;他还亲自在防区内实地考察,对防区内的山山水水做到了然于胸。除此之外,他还让弟弟山东把总戚继美留在蓟镇修筑敌台,为各地的筑台工作树立一个榜样。尽管敌台的修筑并不是那么顺利,始终受到流言的干扰和朝廷当中某些官员的反对,但是在戚继光的督导之下,到隆庆三年(1569年),共修建敌台四百七十余座,

这些敌台大都修建在边防线上的要害之处，地势险要、易守难攻，守边的士兵无需像以前那样饱受风霜雪雨之苦，而且能更好地抵御外敌的入侵，这些敌台在明朝的边防中发挥了重大的作用。由于敌台是大批量的建造，加上戚继光的正确引导，修建敌台的费用并不太高，到明朝万历九年（1581年），蓟、昌二镇共修建敌台一千四百余座，这些敌台之间相互联系，互相依托，使蓟北地区的防务有了一个较大的改善。

除了修建敌台之外，戚继光还对防区内边墙进行了整修，把前人修过的边墙进行了增补，高达到了七八米、宽达到了五六米，这样一来，防区内长达一千八百余里的疆界上，除了特别陡峭的地方外，都有了边墙的防守。戚继光不但整修了边墙，而且将边墙的附属设施加以完善，增设了宇墙，改造了垛口，设置了悬眼和里门，另外还在边墙的外面，挖出堑

壕，把墙外面的山坡铲得更加陡峭，还挖掘了品坑，这样边墙的防御作用就大大增强了。

敌台、边墙和墙内的营垒，形成了一个较为完整的防守体系，戚继光还给这些工事配备了组织严密的防守力量，他奏请朝廷，在敌台和边墙上派驻很多长期驻扎的守军，给这些士兵配备了火炮、神快枪、火箭、石炮等当时十分精良的武器装备。

除了防御工事和驻军以外，戚继光还建立了严密的报警系统，他设立了专门的明哨和暗哨以及报警的墩台。明哨就是戚继光部派遣的情报人员，这些人员定期深入到敌人生活的地区，化妆成当地人的模样，说着当地人的语言，借机收集敌方的情报。所谓暗哨就是各个防区的负责人，派人到指定的地点埋伏起来，观察敌情，一旦敌人有了新的动向，这些人马上回来报告情况。除了大量的情报

人员之外，戚继光还在防区内建立了近六百座烽火台，并且规定了传播消息的暗号，如果一个地方发现敌情，很快各个防区都可以得到消息，这样就便于戚继光和各个防区的指挥官们分析敌情，抓住战机，做出判断。

戚继光还根据防区内的地形和地貌的不同，把全防区分成十个小的防区，各个防区指定专门的将领负责，分区进行防守。对士兵和将领进行思想教育，制定了连坐法和保结法，如果作战不力导致主将战死，那么所有偏将斩首；偏将战死，手下所有千总斩首；千总战死，手下

所有百总斩首等等，以此类推直到普通士兵。同时，上级也要教育并保证自己的下级能够奋勇杀敌，不能怯阵畏缩。这样的方法虽然很是严酷，却使得将领和士兵能够上下一心、奋勇杀敌。隆庆六年（1572年），借朝廷官员巡视的机会，戚继光举行了一次大规模的军事演习，演习不但检验了练兵的成绩，而且也取得了良好的效果，鼓舞了士气，震慑了敌人。

戚继光在任的那一段时期，威胁戚继光防区的蒙古势力主要有三股：一股是西部的鞑靼俺答部、附近的朵颜、秦宁、福余三卫和东部的土蛮部。自隆庆二年年底，朵颜部的首领董狐狸率部数次进犯明朝边界，均被戚继光击溃，界岭口一战，董狐狸几乎被活捉，后又经过两次战斗，戚继光俘获了他的弟弟长秃，慑于明军的战斗力和戚继光的威名，董狐狸率部到喜峰口请罪，并表示愿意世代臣服，戚继光接受了他的请求，并释放了他的弟弟。在戚继光的任期内，他们再也没敢侵犯边境。隆庆四年（公元1570年），俺答和土蛮集结了近三十万人准备进犯北部边境，土蛮得知了戚继光已经有了充分的准备，没有敢于进犯，后来俺答部和明朝朝廷达成和解，土蛮部虽然扬言攻抢，但慑于戚继光的名号，终于没敢付诸实施。另外，戚继光还两次支援辽东地区，配合友邻击溃了土蛮的进攻。戚继光镇守蓟辽地区，有力地保障了京师一带的安全，巩固了明朝北方边境的安全，成为名副其实的"塞上长城"。

八、凄凉晚年

明万历十年（1582年），著名的政治家、内阁首辅张居正病逝。他在任期间，实行一系列的政策，对明朝生产的发展、国力的增强贡献颇大，他也是戚继光在朝中的支持者之一，戚继光在戍守蓟辽期间取得的很多成就都与张居正和谭纶等一些较为开明的官员的支持分不开。但由于张居正在任期间的一些改革措施触犯了某些权贵的利益，这些人在张居正

去世以后，对他进行了污蔑和栽赃。在一些人的煽动之下，张居正去世一年后，对他的清算活动也变得猖狂起来，张居正的谥号、赠衔也被剥夺，家被查封，连他的儿子也被逼死。

戚继光和张居正的关系较为密切，因此清算张居正的风潮也殃及了戚继光，一些人诬陷他和张居正有谋反的趋向。这时，戚继光在朝中的另外一个支持者谭纶也已经去世，于是在万历十一年（1583年），戚继光被调往广东省任总兵官，这一变故对于一心想建功立业的戚继光来说，无疑是一个沉重的打击。这一年，戚继光55岁，这个年龄对一个优秀的军事家来说，正是成熟的时期，他在军事谋略和思想上都达到了一个高峰。失去了在北方建功立业的机会，戚继光一夜之间似乎老了许多，也许在许多人看来，这是一个不可多得的好机会，因为南方早已没有战事，戚继光正好可以趁机好好休息，享受一下天伦之乐；另外在清算张居正的风潮中，戚继光没有被罢官、免职，也已经是朝廷对他的恩典了，但对于有着雄才大略和雄心壮志的戚继光来说，更多的是一种精神上的折磨和打击。事实上，不仅戚继光受到了牵连，而且他的弟弟戚继美和戚继光以前的许多部将也被罢官、革职。

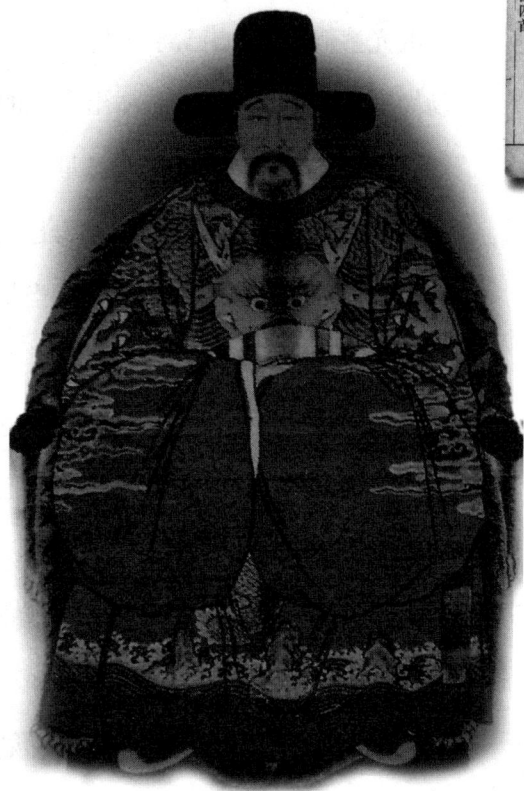

当地百姓对戚继光苦苦挽留，他们很珍惜戚继光为蓟镇的平安与稳定所做的一切，但戚继光却不得不服从朝廷的命令，赶赴广东。戚继光虽然已经离开了北方的边境，但当地的百姓却久久怀念他的功绩。万历十一年（1583年），戚继光回到了阔别二十余载的故乡，看到故乡的一草一木，看着自己曾经生活过的庭院，戚继光感慨万千，自己离开故乡时，英姿勃发、血气方刚，是一名初出茅庐的少年，而今二十余年过去了，自己早已不再是年轻人了，二十余年的征战生涯已使他几乎满头白发。在故乡小住数月，当年的八月份，戚继光又来到了当年抗倭的主战场之一——浙江，与当年挚友汪道昆再次相聚，老友相见，戚继光少不了把盏痛饮几杯，诉说心中壮志难酬的郁闷与失落，而汪道昆也早就脱离了宦海的沉浮，对人世沧桑也看得较为淡泊，面对戚继光的闷闷不乐，自是少不了一番劝勉。

时值中秋节，与一些老朋友的相聚和诉说也解去了戚继光心中的不少忧愁。中秋节过后不久，戚继光到达广东上任，由于这里的倭患早已平定，武将大都无所作为，除作战以外，军中的大小事务，均由文官负责，这些文官大都对军事和军营的管理一窍不通，只顾自己敛财，很少关注军队的建设和士兵的温饱，这一切都让一向正直的戚继光难以忍受。而文官治军是明朝的惯例，单凭他一个人的力量又怎么能够改变呢。于是在上任不久后，戚继光便要求引退，但由于他个人的威望和地方官员、民众的请求，朝廷没有批准他的请求。尽管他对自己的处境不很满意，身体状况也大不如从前，但还是拖着带病之躯巡视了广东沿海各地区，检查了各地的防务和军备，还对自己的直属部队进行了整治，使这支部队的军容有了很大的改观。

在主持日常工作的同时，戚继光把

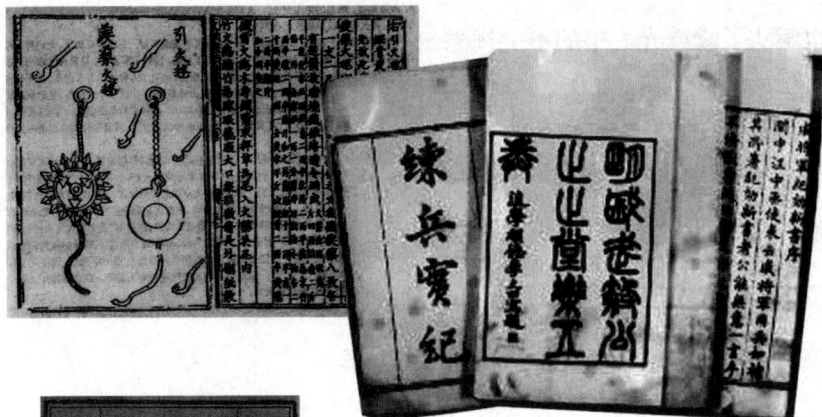

他的大部分精力和时间放在了整理过去的著作上面。从少年时代开始，无论是在家还是在外作战的间隙，戚继光一直没有停止过写作，不管是即兴赋诗，还是对于国家和军队的各种问题的思考，他都用笔写了下来。万历十二年（1584年），他在自己原来的著作《纪效新书》和《练兵实纪》的基础上，重新整理出了一部新的《纪效新书》，同时还对另一部著作《止止堂集》重新进行了整理。

万历十二年（1584年），由于朝廷当中反对张居正的风潮愈来愈烈，有些大臣上书弹劾戚继光，加上戚继光上书请退，朝廷在十一月罢免了戚继光的总兵官职。戚继光终于告别了他的官宦生涯，要回到自己的家乡了。恰在这时，他的弟弟戚继美在贵州总兵的职位也被罢免，听到弟弟也即将回乡的消息，戚继光非常高兴，兄弟俩已经有好几年没有见面了；由于父亲去世较早，戚继光与夫人王氏对戚继美的生活一直很是照顾，兄弟二人的感情一直很好，这次任职戚继光

在广东，而弟弟则远在贵州，加上年岁渐老，他很想念自己的弟弟。但是，令戚继光万万没有想到的是，在他回乡的路上，却得到了弟弟已经因病去世的消息。原来，戚继美特别喜欢的二儿子不幸早亡，戚继美悲伤过度，也染病身亡。得到弟弟去世的消息，戚继光万分悲痛，他和侄儿寿国一起把弟弟戚继美和弟媳的灵柩安葬在家乡的墓地里。时间虽然过去很久了，戚继光却没有能够从丧弟之痛中解脱出来。

由于一生为官清廉，加上对部下较为慷慨，戚继光一生的积蓄并不多，恰在这个时候，他的结发夫人王氏带走了他的全部积蓄回了娘家，并且不再回来。戚继光十几岁时与王氏结婚，王氏也是大户之女，女中豪杰，在抗倭斗争中也曾披挂上阵，率领妇女守卫城池。虽然王氏性情刚烈，但对戚继光一往情深，婚后两人的感情一直很好，但王氏只给戚继光生了一个女儿。在古代的中国，人们认为"不孝有三，无后为大"，没有儿子，成了戚继光日后纳妾的一个理由。后来，戚继光背着妻子纳妾沈氏。一年之后，沈氏仍没能够给戚继光生子，戚继光于是再纳一妾陈氏。陈氏一连给戚继光生了三个儿子，即戚祚国、戚安国和戚报国。在陈氏生了戚祚国后，沈氏也生一子，戚继光为他取名为戚昌国。但是戚继光在外面纳妾生子，王氏长期以来竟一无所知。如果说戚继光纳妾仅是为了生个儿子"传宗接代"，那么，陈氏和沈氏已经给他生了儿子了，他应该达到目的了。但出人意料的是，戚继光后来又纳一妾杨氏，杨氏给戚继光生了儿子戚兴

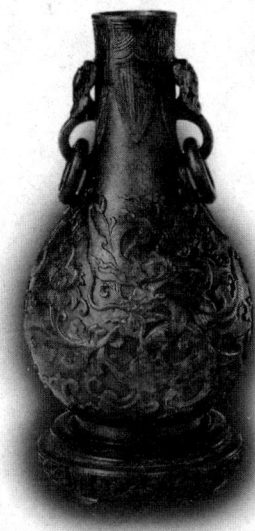

国。纸里终究包不住火，王氏终于知道了丈夫的所作所为，不禁勃然大怒，竟操起利刃欲杀了戚继光。戚继光为防妻子真对自己痛下杀手，就身穿铠甲去见妻子，在妻子面前放声大哭，边哭边解释自己娶妾实在只是为了生个儿子传宗接代。事已至此，王氏扔掉兵器，与戚继光抱头

痛哭，原谅了丈夫的过错。另外王氏毕竟
年纪大了，也觉得应该有个儿子为他们养
老送终。所以，尽管对戚继光背着她娶妾
的事情怒气难消，但戚家有了儿子，也让
她感到欣慰。戚继光的五个儿子中，她最
喜欢戚安国，将其视若己出，关怀备至，
戚继光的家庭生活遂又归于平静。但戚
继光背着夫人在外纳妾的事情已严重伤
害了他与王氏之间的感情。后来，王氏最
喜欢的戚安国婚后不久便不幸死去了，王
氏遭此打击，万念俱灰，竟抛下年老多病
的戚继光回了娘家。戚继光回故乡蓬莱
后度过了两年的寂寞时光，就在他去世
前几个月，御史傅光宅上疏朝廷，请求重
新起用戚继光，竟遭了朝廷对他罚俸两
年的处分。从此后，便再也没有人敢在朝
中提及戚继光了。一代抗倭名将、民族英
雄，到头来竟被自己所效忠的朝廷视为
蔽履，这是戚继光个人的悲剧，也是整个
大明王朝的悲哀。

在恶劣的生活和政治环境的摧残与折磨下，戚继光突然病发，于万历十五年（1588年）十二月二十日，凄凉地离开了人世。直到他去世很久，朝廷才赠予他"武庄"的谥号，又过了几年，才为他建立了祠堂，以纪念他为国家和民族作出的巨大贡献。

戚继光已经永远地成为了历史，但他建立的不朽的功勋和他卓越的军事才能却成为一座丰碑，深深地扎根于后人的心中。